Lettre.

T 123ᵉ
L 81

*LETTRE d'un Citoyen, amateur du bien public, à M***, pour servir de défense à la mission de la dame du Coudray, qui forme des Sages = Femmes par tout le Royaume, de la part du Roi, attaquée dans un Ecrit public, &c.*

MONSIEUR, comme rien n'est plus intéressant que le bien public après la conservation de soi-même, je me fais un plaisir singulier de vous en entretenir quelques instans. Vous sçavez, ou pouvez avoir sçu, combien nos propagateurs de bien public se sont entretenus, tant par écrit que par paroles, depuis un grand nombre d'années, de la nécessité de favoriser la population des Sujets de la France. Ces débats ont attiré l'attention du Gouvernement politique qui en a connu le prix, pour conserver & même pour augmenter ses forces d'Etat à tous égards. En conséquence de cette idée on a connu que l'Art des Accouchements y devoit tenir un rang distingué pour conserver une multitude de victimes que le défaut de lumieres dans cet Art presqu'ignoré dans les campagnes, laissoit périr au moment que le terme de la sortie de leur mere arrivoit. Feu M. de Tiers, haut & puissant Seigneur d'une contrée dans l'Auvergne, qui s'occupoit singuliérement de la propagation de ses Vassaux, témoins de la perte des enfans & de leurs meres qui périssoient en couches, conçut le dessein d'y faire instruire des Sages-Femmes pour remédier à ces désordres. Il connoissoit & sçavoit déjà ce que valoit la dame du Coudray, Maîtresse Sage-Femme de l'Ecole de Paris, très = instruite dans sa partie & capable d'en former d'autres. Ce Seigneur l'engagea d'aller passer quelque temps avec lui dans ses terres pour y produire ce bien. Cette mission eut son effet ; elle mit à découvert l'extrême disette de Matronnes, & l'ignorance des premiers principes dans celles qui exerçoient.

M. de Tiers fit venir plusieurs femmes de divers endroits qui paroiſſoient les plus ſuſceptibles d'intelligence pour recevoir avec fruit les leçons de cette Maîtreſſe. La dame du Coudray voulut d'abord leur parler de cette matiere ſuivant les principes de l'Art ; mais après quelques tentatives inutiles elle s'apperçut qu'il falloit changer de langage pour des gens qui manquoient totalement d'éducation ; que c'étoit à leurs yeux & à leurs mains qu'il falloit parler, en y ajoutant de la patience & de la douceur. Pour y réuſſir, elle conſtruiſit des organes artificiels, tant en baſſins, qu'en matrices & en enfans. Cet innocent artifice lui réuſſit à force d'en faire répéter les manœuvres ; ces bonnes femmes s'encouragerent & réuſſirent parfaitement, tant à la ſatisfaction de la Maîtreſſe qu'à celle de M. de Tiers, qui s'applaudiſſoit d'un ſi heureux ſuccès.

Le bruit de cette merveille ſe répandit, & la dame du Coudray fut encouragée à s'appliquer encore davantage par M. de la Michaudiere, alors Intendant de Clermont, dont toute la France connoît la capacité & le patriotiſme. Elle forma un nombre d'Eleves ſous les auſpices de ce Magiſtrat, qui ne ſçavoient lire ni écrire, & qui accoucherent néanmoins dans la ſuite les femmes groſſes auſſi facilement que les gens de l'Art expérimentés.

La renommée fit parvenir la connoiſſance de ces faits à la Cour, laquelle ſe hâta d'encourager ladite dame par un Brevet qui lui donnoit la miſſion d'enſeigner cet Art & de former des Eleves par-tout le Royaume, ſous les auſpices de MM. les Intendans qui en faiſoient les frais.

M. le Nain, Intendant alors de Moulins, dont la capacité égaloit le zèle pour le bien de ſa Généralité, ſe preſſa d'attirer la dame du Coudray pour y former des Eleves dont ſes tournées lui avoient fait connoître l'extrême néceſſité. Il dreſſa & fit imprimer lui-même la maniere dont il faudroit ſe ſervir dans toutes les Intendances pour aſſembler le nombre de quatre-vingt ou cent femmes que ladite dame pourroit inſtruire pendant un Cours qui dure environ trois mois. Cet avis a toujours ſervi & ſert encore de modele.

Aussitôt que ce Cours finissoit, M. de Villeneuve, rempli de capacité, de zèle & de patriotisme, Intendant de Bourgogne, la demanda.

M. de la Coré, Intendant de Besançon, en fit autant dans la suite. Ce fut dans cette Province que la dame du Coudray vit les spectacles horribles que l'ignorance & la cruauté imaginerent pour délivrer une femme dont l'enfant se présentoit mal, & dont le récit fait frémir ; elle fut appelée chez une pauvre Paysanne, épuisée par un long travail ; on l'avoit assise sur une chaise avec un billot sous ses cuisses, pour y couper avec des hassoirs tout ce qui paroissoit au-dehors d'un enfant vivant ; on marchoit sur la tête & sur des morceaux de membres de cet enfant en entrant dans la chambre, & pour tirer le reste de cette victime hors du corps de cette infortunée mere, on l'arrachoit avec des crochets de cuillier à pot & de celui d'une romaine tour à tour, sous lesquels la femme expiroit dans ce triste moment.

Elle a connu d'autres contrées, dans lesquelles pour toutes ressources, aussitôt que la tête de l'enfant étoit sortie, on lui attachoit une corde au col pour aider le passage des épaules, & souvent la tête suivoit la corde, sans que le reste pût franchir le passage.

Elle a de même vu une contrée dans le Poitou, où toute la science des Accoucheuses se réduisoit à faire marcher la mere aussitôt que la tête de l'enfant étoit sortie, afin que le poids du corps fît sortir le reste. Cette horrible ressource en faisoit périr beaucoup par étranglement. Elle assuroit durant un voyage qu'elle fit à Paris, il y a environ dix - huit mois, qu'elle avoit été témoin d'une infinité d'autres inepties que ces mauvaises manœuvres avoient occasionnées, tels que des déchirures excessives faites avec des sols marqués, & d'autres avec des ciseaux à la fourchette, des descentes de matrice, des canaux urinaires attaqués & déchirés, ce qui causoit des incontinences d'urine sans la pouvoir retenir pour tout le reste de leur vie, des vagins renversés qui pendoient au-dehors, & une quantité d'autres infirmités dont les femmes de campagne sur-tout étoient estropiées.   A ij

4

La dame du Coudray a succeſſivement enſuite parcouru
les Intendances de Limoges, de Poitiers, de la Rochelle,
d'Auch, de Montauban, de Grenoble, de Châlons, Ver-
dun, Neufchâteau en Lorraine, Amiens, Lille, Caën &
la Bretagne.

Elle a fait plus de quatre mille Eleves dans cette péni-
ble miſſion dont il eſt aiſé de concevoir les difficultés. Si
on ſe repréſente qu'à chaque Cours qu'elle recommence,
qui dure communément juſqu'à trois mois, il s'agit d'in-
culquer l'exercice d'un Art véritablement ſcientifique à un
nombre de femmes qui va, ainſi qu'il eſt dit ci - deſſus,
juſqu'à celui de cent à la fois, dont la plûpart dans ce
nombre n'ont pour toute éducation que le baptême & la
figure humaine, avec tous les acceſſoires que peut y ajouter la ruſticité des campagnes, la variété des contrées &
celle des langages, avec les déſagrémens itinéraires ſouvent de plus de cent lieues d'un endroit à l'autre, ſans
aucun terme fixe dont toutes les circonſtances triplent
l'ouvrage du but principal. Ces conſidérations ne paroiſ-
ſent que des nuages, ou des rêves, ſi l'on veut, mis ſur le
papier, pendant que dans le fait elles ſont auſſi inexprima-
bles pour l'exécution, qu'inconcevables pour rencontrer
tout enſemble un courage & une capacité ſuffiſante pour
en ſurmonter les dégoûts & pour en conſerver le zèle
contre mille & mille déſagrémens beaucoup plus rebu-
tans qu'on ne peut l'imaginer. Il a donc fallu pour entre-
prendre & perſévérer dans une pareille carriere, une perſonne unique à tous égards, dont toutes les qualités ſe
réuniſſent, & qu'elles fuſſent liées & ſoutenues par la
religion, l'honneur & l'humanité, prodige que les contrées de ce Royaume n'avoient peut-être jamais vu, &
qu'elles ne verront plus, à moins que cet unique per-
ſonnage n'y laiſſe quelques héritiers & héritieres de ſon
zèle & de ſa façon d'inſtruire des ſujets preſque toujours
ruſtiques & dont la reproduction perpétuera une ſi pré-
cieuſe mémoire.

Vous ſçaurez encore qu'elle a compoſé, dès les premiers
temps, un Livre abregé d'Accouchements pour ceux qui

font en état d'en profiter ; qu'elle l'a orné de vingt-cinq Eftampes, imprimées en couleur naturelle, qui repréfentent les diverfes opérations, afin que les Eléves qui ne fçavent pas lire voyent dans ces Planches les manœuvres qu'elles ont appris. Elle en laiffe un exemplaire avec une Machine au chef-lieu où elle donne le cours, fous la garde de MM. les Intendans & les Officiers Municipaux, afin que ces Meffieurs puiffent faire répéter toutes les années cet enfeignement par celui ou celle qui aura le mieux profité de fes leçons.

Il faut vous dire encore de plus, que vers le milieu de cette miffion, la Cour ayant été inftruite de fes progrès, y ajouta, par un Brevet fur le Tréfor Royal, une penfion fuffifante pour décharger MM. les Intendants du plus gros de fa dépenfe ; elle a eu la fatisfaction de recevoir le contentement de tous les endroits qui fe font prêtés à fes leçons.

Vous trouverez bon, Monfieur, qu'avant de finir je me mette à l'abri d'un raconteur de fables, ou d'un enthoufiafme qui m'auroit pu donner le change, en vous rapportant ici quelques échantillons qui font parvenus à ma connoiffance, & dont les premiers établiffent fans réplique la légitimité de fa miffion, & le defir du Gouvernement pour qu'elle l'étende dans toutes les Provinces du Royaume. De pareils titres ne la mettent-ils pas à l'abri de tous foupçons de charlatanifme ?

PREMIER ÉCHANTILLON.

COPIE du Brevet en faveur de la demoifelle Bourfier du Coudray, Sage-femme

Aujourd'hui, 19 Octobre 1759, le Roi étant à Verfailles : Sa Majefté étant informée que la Demoifelle Bourfier du Coudray, après avoir, durant feize ans, exercé avec capacité, à Paris, la profeffion de Sage-femme, & étant retirée en Auvergne, auroit conçu le projet de remédier à l'impéritie trop commune parmi les femmes qui pratiquoient ladite profession dans ladite Province, & auroit fabriqué pour cet effet une Machine, qui, en imitant la nature, facilite les moyens de démontrer tous les dangers dont les Accouchemens font fusceptibles, & les différentes opérations employées pour les combattre, & que cette Machine approuvée par l'Académie de Chirurgie de Paris, & les travaux de ladite demoifelle du Coudray ont eu de fi heureux fuccès dans ladite Province, que le fieur de la Michaudiere, Intendant d'icelle, & le fieur de Ballainvilliers, fon fucceffeur, ont rendu les témoignages qu'elle s'étoit empreffée de mériter; & Sa Majefté voulant lui en donner un de la protection qu'elle entend accorder à fon zele & à fon talent, & defirant qu'elle puiffe librement répandre dans les différentes Provinces du Royaume les mêmes connoiffances dont celle d'Auvergne reffent les avantages; Sa Majefté a permis & permet à la Demoifelle du Coudray de continuer à inftruire & former, à l'aide de ladite Machine, les femmes & filles qui voudront recevoir fes inftructions pour la pratique de ladite profeffion de Sage-femme : Veut & entend qu'elle puiffe librement aller & donner lefdits enfeignemens dans telles Provinces qu'elle jugera à propos, fans qu'il puiffe lui être, pour raifon de ce, apporté aucun trouble, par quelques perfonnes, ni fous quelque prétexte que ce foit. Mande Sa Majefté auxdits fieurs Intendants & Commiffaires départis dans lefdites Provinces, & à tous fes Officiers, Jufticiers, & autres qu'il appartiendra, de tenir la main à l'exécution du préfent Brevet, que pour affurance de fa volonté Elle a figné de fa main, & fait contre-figner par moi Miniftre & Secrétaire d'Etat de fes Commandemens & Finances. *Signé* LOUIS. *Et plus bas*, PHELYPEAUX.

COPIE *du Brevet qui autorife la Dame du Coudray Maîtreffe Sage-femme, à tenir des Cours d'inftruction publique dans toutes les Provinces du Royaume.*

Aujourd'hui, 18 Août 1767, le Roi étant à Compiegne : Sa Majefté, toujours occupée du foin de procurer à ſes Peuples les ſecours dont ils ont beſoin, principalement pour tout ce qui peut tendre à leur conſervation, & bien informée de la ſcience & de l'expérience que ladite Dame du Coudray, Sage-femme, a acquiſes dans l'Art des Accouchements ; Voulant, d'ailleurs, la récompenſer des ſoins infinis qu'elle s'eſt donnés pour porter cet Art ſi utile & ſi néceſſaire à un haut degré de perfection, Sa Majeſté l'a nommée pour enſeigner l'Art des Accouchements dans toute l'étendue de ſon Royaume ; lui permet, à cet effet, d'y tenir des Cours publics & particuliers ſur tout ce qui y a rapport, ſans que, ſous aucun prétexte, elle puiſſe y être troublée. Mande & ordonne en conſéquence, Sa Majeſté, à tous Gouverneurs, Intendants & Commiſſaires départis dans ſes Provinces pour l'exécution de ſes ordres, & à tous Magiſtrats & Juges qu'il appartiendra, de la protéger & de lui donner toute l'aide & affiſtance dont elle aura beſoin ; & afin de lui procurer les moyens de ſe tranſporter dans toutes les Provinces où elle ſera utile, Sa Majeſté veut & entend que tant qu'elle tiendra des Cours publics d'inſtruction dans quelque lieu de ſon Royaume que ce ſoit, elle jouiſſe, par chacun an, de la ſomme de huit mille livres, qu'elle lui accorde à titre de gratification annuelle ; & lorſque l'âge ou les infirmités ne lui permettront plus de tenir leſdits Cours, de trois mille livres ſeulement, pour lui faciliter les moyens de vivre dans ſa retraite ; leſquelles ſommes lui ſeront payées dans les cas ſuſdits, à l'avenir, par chacun an, ſa vie durant, par les Gardes de ſon Tréſor royal, préſens & à venir, ſur ſes ſimples quittances, à compter de ce jour, ſuivant les états ou ordonnances qui en ſeront expédiés en vertu du préſent Brevet, que pour aſſurance de ſa volonté Sa Majeſté a ſigné de ſa main, & fait contre-ſigner par moi Conſeiller-Secrétaire d'Etat & de ſes Commandements & Finances. *Signé* LOUIS. *Et plus bas*, PHELYPEAUX.

Peut-on rien de plus déciſif ni de plus honorable pour une miſſion auſſi importante ? Ecoutons parler les gens de l'Art préſentement.

COPIE du Certificat de MM. les Chirurgiens de Rochefort.

Nous souffignés, Chirurgiens ordinaires de la Marine & Maîtres en Chirurgie de la ville de Rochefort, certifions avoir fait, ainfi que nos Eleves, un Cours d'Accouchements fous Madame du Coudray, Maîtreffe Sagefemme de Paris, bréveté du Roi pour démontrer, dans toute la France, l'Art des Accouchements ; lequel Cours lui a été demandé, à notre follicitation, par le Chirurgien Major du Port, & autorifé du confentement de M. l'Intendant ; nous avons d'abord pris connoiffance des Accouchemens fimples & compliqués, enfuite la maniere de faire l'extraction des enfans par le fecours des Inftrumens dans les vices de conformations des os du baffin ; comme auffi de faire l'opération céfarienne, & aux enfants la ponction, appellée parafcentefe, & la ponction à la tête dans l'hidrocephale ; Madame du Coudray a accompagné toutes ces opérations des liqueurs, tant de pertes de fang, que celle des eaux ; elle nous a fçavamment détaillé les fignes qui conduifent aux connoiffances des groffeffes & des fauffes-couches, & nous a fait voir toutes les infirmités des femmes jufqu'au cancer de la Matrice, le tout fi bien figuré, qu'on ne peut pas mieux imiter la nature ; ce qui nous a parfaitement convaincus, qu'elle mérite à jufte titre les éloges brillants que lui attire par tout fa grande réputation. En foi de quoi nous lui avons donné le préfent certificat comme un témoignage authentique de notre reconnoiffance. A Rochefort ce trentiéme Avril 1766, *fignés*, THIBAULT DU MELLIER, TARDIF, BOM-GARDENE, VIVIER l'aîné, CHAPPARRE, MENTION, CHAUDON, PERRETS, CLENOT & ARNOUX.

Nous Maîtres en Chirurgie de la Ville d'Agen, certifions que la dame du Coudray, Maîtreffe Sage-femme de Paris, Penfionnée par le Roi pour montrer l'Art d'accoucher dans toute l'étendue du Royaume, a fait dans cette Ville un Cours, où elle s'eft attirée l'admiration de tous les

Connoisseurs. En effet, par le moyen de la Machine dont cette dame se sert, on a la satisfaction, non seulement de voir l'enfant tel qu'il peut être dans le sein de la mere, dans toutes les postures possibles, mais encore on ne perd pas de vue un seul coup de main de sa manœuvre, qui nous a paru déduite des meilleurs principes & très-conforme aux loix de la méchanique, & du mouvement. L'imitation de la nature dans la structure de cette Machine est portée à son dernier degré de perfection pour les proportions entre les différentes piéces dont elle est assortie, & ce qui rend ce Cours d'Accouchements encore plus parfait, c'est qu'on y imite au naturel les eaux ou bain, le faux germe, la mole & les différentes hydropisies auxquelles l'enfant peut être sujet dans le sein de la mere ; enfin, nous pensons qu'on ne peut mieux démontrer l'Art d'accoucher que par le moyen d'une invention aussi ingénieuse ; en considération de quoi nous avons donné la présente attestation, à laquelle nous avons fait apposer le sceau de notre Communauté. A Agen, le deux Janvier 1770. *Signé*, PLANTEZ, Prévôt ; GERAUD, Lieutenant ; PAZAMARON, Doyen ; VERDIER, Greffier ; DURAND, CONCADE, Chirurgiens ; BELLOC, Chirurgien.

Nous, soussignés, Lieutenant de M. le premier Chirurgien du Roi, Prévôt & Maître en Chirurgie du College de Chirurgie de Nantes :

Certifions, que Madame le Boursier du Coudray, ancienne Maîtresse Sage-femme de Paris, envoyée de la part du Gouvernement pour enseigner la pratique de l'Art des Accouchemens, aux femmes qui desirent exercer cette profession, a fait, en cette Ville, un Cours complet d'Accouchements à plusieurs femmes de cette Ville & de la Campagne ; & que la méthode unique dont elle se sert pour l'instruction des femmes, en leur démontrant sur des fantômes obstétriques, de l'invention de Madame du Coudray, toutes les parties Anatomiques que les Sages-femmes sont obligées de connoître pour l'intelligence du méchanisme des Accouchemens, elle leur a fait opérer & manœuvrer fur ces machines, dans tous les cas d'accouchemens, contre nature & poffibles, & qui peuvent fe rencontrer dans la pratique de cet Art, ce qui imitant parfaitement le naturel, a mis les Eleves dans le cas d'acquérir, en peu de temps, les connoiffances néceffaires pour exercer l'Art des Accouchemens avec fuccès ; c'eft ce que nous avons reconnu par les examens que nous avons fait fubir à plufieurs de ces femmes, fur la pratique des Accouchemens, & qui nous ont donné des preuves non équivoques d'une capacité & d'une intelligence folide, appuyées fur de bons principes, ce qui nous fait préfumer les grands avantages que la population doit retirer de pareilles inftructions, qu'on ne peut trop multiplier. Comme auffi, pour la même fin, Madame du Coudray a laiffé à la Communauté de cette Ville un double de fes fantômes obftétriques, qui doit fervir au Maître en Chirurgie que ladite Communauté a choifi pour démontrer la pratique des Accouchemens aux Sages-femmes. C'eft ce que nous atteftons véritable. A Nantes, le 4 Septembre 1776. *Signé* BOURNAVE, Lieutenant de M. le premier Chirurgien du Roi. G. CORDET, Profeffeur - Démonftrateur en Chirurgie. J. FREMONT, Maître en Chirurgie, ancien Prévôt & Profeffeur, & Tréforier d'Election. BISSON, Greffier & Prévôt en exercice. M. P. LARUE, Maître en Chirurgie, & ancien Profeffeur. GAUTIER, Prévôt en exercice. GODEBERT, Profeffeur & Démonftrateur pour les Accouchemens.

Du 21 Février 1774.

LETTRE écrite de Valenciennes, par M. Saint-Paul, Chirurgien-Major du Régiment Royal-Etranger, Cavalerie, à Paris, à un de fes amis qui lui demandoit ce qu'il penfoit de la miffion de la dame du Coudray, & de fa perfonne, comme en étant fort inftruit, & en même-temps l'un des plus en état d'en juger.

« Vous exigez donc, Monfieur, de mon amitié, que
» comme de l'Art, & ayant depuis long-temps connu,

» fuivi à la trace Madame du Coudray, & même au
» dernier Cours d'Accouchement qu'elle vient de faire
» en Lorraine, que je vous marque, en détail, ce que je
» penfe de fon travail, de fes rares talens, & de l'avantage
» que l'humanité doit retirer de fon importante miffion.
» Un détail exige des longueurs. Excufez donc la prolixité
» indifpenfable qui conftituera le mien.

» Votre ardeur à protéger les établiffemens folides &
» effentiels que le Gouvernement prend fpécialement en
» confidération, me porte comme vous, à la jufte admi-
» ration de celui qu'il a fait il y a dix ans, en chargeant
» la dame du Coudray, la plus célebre Accoucheufe qui
» aye jamais exifté, d'inftruire dans fon Art toutes les
» perfonnes du Royaume qui s'y vouent, en parcourant
» fucceffivement toutes les Provinces de la Monarchie,
» dans chacune defquelles elle eft obligée de réfider trois
» mois au moins dans le lieu que chaque Intendant lui
» affigne; & où, conformément à l'inftitution de Sa Ma-
» jefté, il fait affembler une Eleve de chaque Commu-
» nauté de fa Généralité, pour fuivre avec exactitude les
» admirables Cours d'Accouchemens que cette divine
» femme démontre fi fublimement, qu'il eft impoffible
» d'en prendre une idée jufte & réelle fans l'avoir vu.

» Il eft malheureux, Monfieur, que toutes les perfonnes
» en place ne puiffent pas fentir & apprécier l'importance
» d'un fi fage établiffement. Il faut être de l'art, avoir
» fuivi les Cours de cette femme incomparable, & avoir
» vu dans les Provinces qu'elle a inftruites, l'excellence
» des Eleves des deux fexes qu'elle y a formés, pour bien
» juger du mérite de l'inftitution.

» Je vous avoue, à ma confufion, qu'avant d'en avoir
» vu par moi-même les furprenans effets, je regardois fa
» miffion exclufive comme un acte de faveur accordé par
» le Miniftere, à une perfonne ordinaire, dont le travail
» d'inftruction ne fçauroit furpaffer tout ce que de célebres
» Accoucheurs fameux ont donné fur l'Art des Accou-
» chemens.

» Renfermé dans ce préjugé, mon Régiment, en 1765,

» fut envoyé à Niort, en Poitou, lieu où M. de Bloſſac,
» Intendant de la Province, avoit fixé la réſidence de
» madame du Coudray, & où elle venoit de faire ſon
» Cours d'inſtruction. Tout le monde exaltoit les talens
» ſublimes de cette femme; l'enthouſiaſme étoit général.
» J'eus cependant la foibleſſe de croire qu'on donnoit plus
» au préjugé de la nouveauté, qu'au mérite réel. Pour
» m'en éclaircir, je pris des informations des perſonnes
» de l'art de la Ville, qui me confirmerent pleinement,
» par leur témoignage, toute l'étendue des connoiſſances
» extraordinaires de cette merveilleuſe femme. Cette
» autorité irréfragable m'ayant un peu ramené de mon
» injuſte préjugé, je me déterminai à vérifier par moi-
» même ce qu'opéreroient toutes ces merveilles ſur les
» jeunes Eleves qu'elle avoit inſtruites en ſi peu de temps.
» En conſéquence, pendant les trois ans que le Régiment
» y a été en quartier, je me ſuis attaché à connoître tous
» les accouchemens qu'elles faiſoient. Il s'en eſt préſenté
» de très-laborieux, & elles s'en ſont bien tirées; & j'ai
» vu, avec autant d'admiration que de ſatisfaction, qu'in-
» ſenſiblement les femmes du premier rang y ont pris aſſez
» de confiance, pour leur donner la préférence ſur les
» anciennes Sages-femmes, qui, routées au courant d'un
» travail purement machinal, ne font pas le même pro-
» grès que les jeunes dans l'inſtitution néceſſairement
» compliquée qui conſtitue le Cours complet que dé-
» montre ſi ſupérieurement madame du Coudray. Auſſi
» demandent-elles, par préférence, des Eleves jeunes,
» qui n'étant pas engourdies par l'habitude, & infatuées
» de leur prétendu mérite comme les vieilles, font leur
» principale étude de mettre à profit les excellentes leçons
» de leur Maîtreſſe. Cette précaution porte avec elle le
» double avantage de former de bons ſujets, & d'en
» attendre longues années des précieux ſervices que les
» vieilles ne peuvent pas ſe flatter de rendre, devant,
» ſelon l'ordre de la nature, quitter ce monde avant les
» jeunes.

» D'après tout ce que je viens de vous exprimer, rela-

» tivement à la miffion extraordinaire de madame du
» Coudray, vous jugez bien, Monfieur, combien j'ai été
» aife que le Régiment fe foit trouvé à Neuf-Château, en
» Lorraine, l'année derniere, lorfque M. de la Galaifiere,
» Intendant de la Province, y fixa le féjour de ladite
» Dame. L'avidité de juger par moi-même des merveilles
» qu'on publioit du travail de cette femme, me porta à
» fuivre fes leçons. Elles me furprirent & m'enchanterent.
» Je me reprochai d'avoir été fi tardif à lui rendre la
» juftice qu'elle mérite. Je vous avoue, avec la vérité
» dont vous me connoiffez efclave, qu'il faudroit être
» borné comme une buche, pour ne pas tirer un grand
» fruit de fa doctrine. Et comment n'en tireroit-on pas?
» elle appuie fa théorie des démonftrations réelles par le
» fecours de fes innombrables machines, qui figurent au
» naturel toutes les circonftances, & les pofitions heu-
» reufes ou malheureufes que le courant des accouche-
» mens préfente, tant de la part du vice de conformation
» des meres, que de celle des enfans, ainfi que de leur
» indéterminée variation d'exiftence dans la matrice, &
» avec elle irréguliérement dans le baffin, &c. Tout ce
» cahos caché aux yeux, & fouvent au tact, eft intelli-
» giblement débrouillé par elle, tant fes vaftes connoif-
» fances tiennent du prodige. Auffi M. l'Intendant de
» Lorraine, qui eft doué des connoiffances générales de
» toutes les fciences, témoigna une furprife d'admiration
» aux démonftrations qu'il vint lui voir faire. Il la com-
» bla, en ma préfence, des éloges les plus flatteurs, &
» felon moi les plus mérités.
» Plufieurs Intendans animés du zele patriotique, lui
» ont donné des marques de diftinction, tels que ceux du
» Bourbonnois & de Champagne, qui non feulement lui
» ont fait faire fon travail dans la Ville de leur réfidence,
» mais l'ont même logée à leurs hôtels; & celui de Cham-
» pagne, pour lui témoigner la gratitude que fa Province
» a conçue de fon travail, lui a fait préfent de plufieurs
» pieces d'argenterie aux armes de la Province de Cham-
» pagne. Plufieurs Médecins & Chirurgiens de ladite

» Province, qui n'avoient pas dédaigné de s'aller inf-
» truire à fes leçons, lui ont aufli fait des préfens rela-
» tifs à leurs facultés, & au degré de reconnoiffance que
» méritoient les Cours particuliers qu'elle a bien voulu
» faire pour eux.

» Je pourrois ajouter encore beaucoup d'autres excel-
» lentes raifons très-intéreffantes à mon récit, & très-
» conformes à la vérité, en faveur d'un établiffement qui
» fera à jamais l'honneur du Gouvernement, la profpé-
» rité de fes fujets, & la confolation des familles, par la
» confervation des meres & des enfans. Je fouhaite que
» vous foyez content de ma réponfe, & que vous con-
» tinuiez de jouir d'une parfaite fanté, &c. SAINT-PAUL ».

*LETTRE de M. Chaftanet, Chirurgien-Major de l'Hôpital
Militaire de Lille, en même-temps Lieutenant du premier
Chirurgien du Roi dans le College de la même Ville, & fans
contredit un des plus habiles dans fon Art, à un de fes
amis. A Paris, le 13 Mars 1775.*

« Monfieur, j'ai eu beaucoup de fatisfaction de pouvoir
» obliger Madame du Coudray, qui eft une femme du
» plus grand mérite, non feulement dans fon état, dans
» lequel elle excelle, mais par fa façon de penfer, par
» fon caractere, & par fa conduite. Je n'ai jamais rien
» vu de femblable; & certainement cette femme eft un
» phénomene. Je fuis fâché qu'elle ait été fi peu parmi
» nous; mais le peu qu'elle y a été a produit le plus grand
» bien pour le Pays: fi elle y avoit pu refter plus long-
» temps, elle en auroit retiré un avantage très-grand pour
» elle-même. Je lui avois ouvert les portes de la Flandre
» Autrichienne, où elle auroit fait une abondante moiffon:
» elle avoit déja traité avec Ypres, Courtray & Gand;
» le Brabant, la Vicomté d'Alofte, Malines, Anvers,
» Bruges, Louvain, &c., auroient fuivi le même plan.
» La Hollande, fans doute, auroit voulu la pofféder; &
» c'étoit un coup de partie pour elle. Sa fortune étoit
» faite, fi moins attachée à fon devoir, & à l'engagement
» qu'elle avoit pris avec M. l'Intendant de Caën, elle avoit

» voulu paſſer dix-huit mois dans un Pays où l'on avoit
» déja rendu juſtice à ſa ſcience & à ſes talens. J'en ai eu
» ſincérement beaucoup de regret. Madame du Coudray
» n'eſt pas riche ; elle eſt d'un certain âge ; ſa ſanté s'alté-
» rera infailliblement par la fatigue des voyages : elle
» étoit ici toute portée pour paſſer facilement d'une Ville
» à l'autre, & elle auroit gagné en peu de temps ce qu'elle
» pourſuivra inutilement en paſſant en France d'une Pro-
» vince dans l'autre, où elle eſſuyera des contradictions.
» Je vous prie de l'aſſurer de toute mon eſtime reſpec-
» tueuſe. J'ai l'honneur d'être, &c. *Signé* CHASTANET,
» Chirurgien-Major des Hôpitaux Militaires ».

*LETTRES de remerciemens & de félicitation de
divers perſonnages de diſtinction.*

*LETTRE d'un Curé, qui fait mention des Eloges que donne
une Communauté de Chirurgien à la miſſion & talens de
Madame du Coudray.*

Madame,

La Providence diſpoſe tout pour le bien de ſes ouvra-
ges ; elle ſuſcite de temps en temps de ſes Sujets extraordinaires, utiles à la Société dans le ſpirituel & le temporel.
Sa ſageſſe ſçait également pourvoir à ce dernier beſoin
par les Arts libéraux & méchaniques, avec autant de
bonté qu'au premier ; par des hommes dont elle pare l'in-
ſuffiſance naturelle, par le zèle qu'elle leur inſpire & par
les lumieres qu'elle leur communique ; vous le confirmez,
Madame, notre ſiécle doit la remercier de lui avoir deſ-
tiné une perſonne auſſi néceſſaire que vous, dans l'un
& dans l'autre, puiſqu'en apprenant l'Art de conſerver
les Sujets du Royaume, vous contribuez à cette double
vue du Créateur ; auſſi eſt-ce là le motif de vôtre coo-
pération, que l'on a remarqué chez vous, dans ce grand
fond de religion qui vous anime aux dépens de votre tran-
quillité, & dans les leçons de ſon déſintéreſſement hé-
roïque données à vos Eléves. Cette double charité dans
le noble uſage des talens qu'il lui a plu vous diſpenſer,

en honorant la Religion, & celle qui la pratique si bien, ne peut que vous lier ici tout bon Citoyen par les justes sentimens de la plus vive reconnoissance & du respect le plus profond, & vous mériter à la fin la récompense du serviteur fidéle.

Permettez, Madame, qu'un Inconnu ait l'honneur de vous témoigner sa gratitude du service que vous avez rendu à ma Paroisse dans la personne de Marie Huet, femme de François Brizot, mon Paroissien ; elle nous est une preuve incontestable de la bénédiction que Dieu répand sur vos travaux. Qui peut, en effet, ne s'y pas reconnoître, en voyant des femmes grossieres, sorties du fond des campagnes, sans principes ni autre éducation que celle de connoître, lier & quelquefois griffonner les lettres de l'alphabet, y rentrer remplies, comme par infusion, d'une science non moins délicate qu'utile dans ses opérations ? C'est ce qui a fait également l'admiration de la Communauté de Chirurgie d'Avranches, qui après un sérieux examen d'une heure & demie, l'ont reçue avec applaudissement, en faisant, il est vrai, refluer avec justice sur la Maîtresse, la gloire d'une Eléve qui a sçu leur résoudre d'une maniere satisfaisante les plus grandes difficultés de cet Art ; qu'ils l'ont trouvée posséder physiquement & anatomiquement, ce sont les termes de M. Enjourbault de Veval, Prévôt de la Communauté, dans une lettre volontaire de félicitation sur l'acquêt que je vous dois, en m'ajoutant que l'illustre Praticienne qui a formé un pareil Sujet en si peu de temps, mérite pour tant de lumiere & de zèle, le nom de Libératrice, donné par les plus anciens Maîtres dans l'art de guérir les hommes, à de telles Institutrices.

J'ai l'honneur d'être avec un profond respect & vraie reconnoissance :

Madame,

Ce 20 Juillet 1775.

Votre très-humble & très-obéissant serviteur DUMANOIR TROUSSEL, Curé de Bacilly, près Avranches.

C O P I E

*COPIE d'une Lettre d'un Doyen de Médecine, d'une
grande réputation.*

Madame,

J'ai lu à ma Campagne le Livre que vous avez diſtri-
bué aux Sages-femmes de cette Province, je l'ai trouvé
très-inſtructif, non ſeulement pour les femmes qui ſe
mêlent d'accoucher, mais encore pour tous les Médecins
& Chirurgiens, & je ſuis ſurpris que vos leçons & vos
démonſtrations n'aient pas été ſuivies par les Gens de
l'Art; ſi j'euſſe été à Beſançon, j'y aurois aſſiſté avec bien
du plaiſir & bien de l'aſſiduité; nous ne voyons que trop
ſouvent des fautes énormes commiſes dans les Accouchemens par ceux même qui ſe flattent d'être Experts dans
cette profeſſion; en mon particulier, je vous remercie des
peines que vous vous êtes données pour l'inſtruction des
femmes de villages; les Eſtampes diſperſées dans votre
livre, les mettront à même de mieux travailler, car
elles ſont à la portée de tout le monde, de même que
vos leçons & vos démonſtrations; & il eſt honteux que
des gens qui ſe diſent Experts dans la Profeſſion d'accoucher, n'aient pas daigné y aſſiſter; ils ont cru apparem-
ment qu'en y aſſiſtant cela feroit tort à leur réputation
mal établie, ils auroient au moins appris à ſe redreſſer
ſur les fautes groſſieres qu'ils commettent; mais tous les
demi-ſçavans croyent tout ſçavoir; & leur dire d'aller
aux leçons telles que les vôtres, c'eſt faire tort à la
ſcience qu'ils ſe piquent d'avoir, & leur faire tort dans
le Public, lorſque rien ne pouvoit leur faire plus d'honneur & les plus accréditer.

On ne peut, Madame, rien ajouter aux ſentimens d'eſtime les plus reſpectueux & les plus remplis de reconnoiſſance avec leſquels je ſuis,

Madame,

*Beſançon, le 20
Novembre 1772.*

Votre très-humble & très-obéiſſant
ſerviteur ATTHALIN, Doyen de
la Faculté de Médecine.

B

TÉMOIGNAGES de reconnoiſſance & d'éloges de la miſſion.

Madame,

Vous trouverez ci joint une Lettre de change de ſix cens livres, que la Ville vous prie d'agréer, en reconnoiſſance des bons offices que vous avez rendus à la Province ; vous pouvez en remercier M. l'Intendant, qui a bien voulu nous autoriſer à vous faire ce petit cadeau ; j'aurois été charmé que notre Ville eût été en état de vous donner des preuves plus étendues de toute ſa ſatisfaction.

J'ai l'honneur d'être avec la plus parfaite conſidération,

Madame,

Moulin, ce 10 Décembre 1771. Votre très-humble & très-obéiſſant ſerviteur FAULCONNIER, Maire.

LETTRE de M. Bertin, Secrétaire d'Etat, en date du 12 Décembre 1764.

Je ne ſuis pas moins ſenſible, Madame, de votre attention, que charmé des ſoins que vous avez bien voulu donner à former des Eléves à Bourdeilles ; j'eſpere que, malgré les contradictions qu'éprouvent vos inſtructions, elles auront un bon ſuccès, ſur-tout avec le ſecours de M. Ducluzeau. Je ſuis bien aiſe que ce Médecin, en en reconnoiſſant l'utilité, les approuve & s'en rende Protecteur. Il ne ſeroit pas poſſible, ni même juſte, que vous fiſſiez la guerre à vos dépens, il eſt aſſez que vous donniez votre temps & vos peines, & on doit vous en ſçavoir bien bon gré.

Je ſuis bien ſincérement,

Madame, Votre très-humble & très-obéiſſant ſerviteur BERTIN, Secretaire d'Etat.

LETTRE du Prieur de Jonſac.

Madame,

Informé par la renommée de votre mérite & de votre

profonde capacité & érudition, je vous prie d'agréer que je vous fasse mon compliment sur votre arrivée dans cette Province. Nous reffentons tous combien nous fommes redevables à la divine Providence de vous y avoir envoyé ; nous avons vu périr quantité d'enfans avec la mere, par l'ignorance des personnes prépofées pour fecourir les uns & les autres, dans ces circonftances où ces perfonnes en ont tant & de fi extrêmes befoins ; par votre moyen nous verrions finir ces malheurs ! Quelles obligations tous nos Peuples ne vous auront-ils pas, & quels vœux ne ferons-nous pas au Ciel pour votre profpérité ! Je vous prie de croire que les nôtres en particulier feront des plus finceres. Je prends la liberté de vous recommander mes deux Paroiffiennes, qui fe font rendues affidues jufqu'ici à vos leçons, & qui le feront jufqu'à ce que vous les trouviez fuffifamment inftruites. J'ai l'honneur d'être, avec refpect,

Madame,

A Jonfac, ce 29 Juin 1766.

Votre très-humble & très-obéiffant ferviteur, LASALLE, Prieur de Jonfac.

LETTRE des Maire & Echevins de Moiffac.

Madame,

Inftruits des foins particuliers dont vous avez bien voulu honorer les deux Eléves que notre Communauté a pris la liberté de vous adreffer, nous croirions manquer effentiellement, fi nous manquions de vous en témoigner notre reconnoiffance. Recevez donc, Madame, nos juftes remerciements, & foyez perfuadée qu'ils font des plus finceres. Heureux fi, dans l'impuiffance où nous fommes de vous témoigner par des effets, nous pouvons du moins nous flatter d'avoir réuffi, par notre choix, & à diminuer les peines que vous caufe le défaut de difpofitions dans les Sujets, & à concourir à la douce fatisfaction que vous recevez du fuccès de vos leçons.

Nous avons l'honneur d'être avec le plus profond refpect,

Madame,

Moiffac ce 30 Mars 1771.

Vos très-humbles & très-obéiffants ferviteurs les Maire & Echevins de Moiffac, DELVOLVÉ, Avocat, Echevin; BONNEFOY, Echevin.

DÉLIBÉRATION à l'effet de faire un préfent à Madame du Coudray d'un étui d'or, aux Armes de la Ville de Nantes.

Du 31 Août 1776.

Extrait des Regiftres du Greffe de l'Hôtel-de-Ville de Nantes, du Samedi 31 Août 1776, environ les quatre heures après midi.

Au Bureau de la Maifon commune de l'Hôtel-de-Ville de Nantes, où préfidoit M. Gellé de Premion, Maire, affiftants MM. Raimbaud, Feffonneau de Vegen, Mauffion, Berchaud, Confeillers, Magiftrats, Echevins, & Guenain de Beaumont, Procureur du Roi, Syndic.

A été repréfenté par le Procureur du Roi, Syndic, que le Bureau étoit inftruit par la voix publique des avantages qu'avoient déja produites les inftructions que la dame du Coudray a données dans cette Ville fur l'Art d'accoucher; qu'ils donnoient lieu d'efpérer que l'humanité fe reffentiroit de plus en plus de l'utilité de fes leçons; qu'il s'étoit convaincu par lui-même du défintéreffement de la Dame du Coudray & de l'honnêteté de fes procédés envers toutes les perfonnes qui ont fuivi fon Cours; que des talens auffi précieux à la fociété & communiqués avec autant de fagacité que de modération, fembloient exiger de la Communauté qu'elle en témoignât fa reconnoiffance à la Dame du Coudray, par un préfent qui ne fît pas moins honneur à celui qui le donne qu'à celui qui le reçoit. Requérant à ces caufes, qu'il en fût délibéré.

Sur quoi ayant été délibéré, le Bureau, après avoir oui le Procureur du Roi, Syndic, en fes conclufions, a arrêté, que par l'un de Meffieurs il fera préfenté à la dame du Coudray un Etui d'or gravé aux Armes de la Ville, avec cette légende autour. DONNÉ PAR LA VILLE DE NANTES EN 1776. En conféquence a autorifé le Procureur du Roi, Syndic, à en faire l'emplette, & à y employer jufqu'à la fomme de quatre cent livres. Arrêté au Bureau de la Maifon commune de l'Hôtel-de-Ville de Nantes lefdits jour & an que devant. *Signé* BUART, Greffier.

CONCLUSIONS.

Je préfume, Monfieur, d'après ce que vous venez de lire, que fi M. Alphonfe Leroy, Docteur en Médecine de la Faculté de Paris, en avoit eu connoiffance, ainfi que d'une infinité d'autres détails trop longs à raconter, quoiqu'également intéreffants, qu'il fe feroit un peu plus ménagé dans un Ecrit public qui porte fon nom, dans lequel il infinue qu'elle fe flatte d'obtenir des ordres pour contraindre les Chirurgiens d'affifter à fes Cours (1).

* Cette Lettre fe diftribue *gratis* chez DEBURE pere, Libraire, Quai des Auguftins, au coin de la rue Gît-le-cœur, Maifon du Notaire, à Paris.

---

(1) La Dame du Coudray n'a jamais penfé de commettre pareilles violences, elle fe trouve, au contraire, très-flattée lorfque MM. les Médecins ou Chirurgiens l'honorent de leurs préfences, dans fes leçons, comme par-tout ailleurs.

APPROBATION.

J'AI lu, par ordre de Monfeigneur le Garde des Sceaux, un Manufcrit qui a pour titre : *Lettre d'un Citoyen, Ama-*

teur du bien publique , pour servir de défense à la mission de la Dame du Coudray ; dans lequel je n'ai rien trouvé qui puisse en empêcher l'impression. A Paris, ce onze Juin mil sept cent soixante-dix-sept.

Signé CASAMAJOR, Censeur royal.

De l'Imprimerie de P. G. SIMON, Imprimeuur du Parlement, 1777.